BIBLIOTHÈQUE

DU THÉATRE MODERNE

CORNEILLE

A LA

BUTTE SAINT-ROCH

COMÉDIE EN UN ACTE, EN VERS

PAR M. ÉDOUARD FOURNIER

Représentée au Théâtre-Français le vendredi 6 juin 1862

(256ᵉ anniversaire de la naissance de Pierre Corneille)

2ᵉ ÉDITION

PARIS

E. DENTU, ÉDITEUR

LIBRAIRE DE LA SOCIÉTÉ DES GENS DE LETTRES

PALAIS-ROYAL, 13 ET 17, GALERIE D'ORLÉANS

Et à la Librairie centrale, 24, boulevard des Italiens

1863

Monsieur Placot
10 ou 12 rue du
père aux Clercs
Paris

Dimanche

Que vous êtes bon, mon cher Monsieur, et que je vous bénis…

Madame Edouard Fournier

Je ne frappe jamais en vain à votre porte.

Soyez … gratitude éternelle croyez …   P. D. F.

Cher Monsieur, j'aurais dû vous dire que c'est rue d'Argenteuil où nous sommes restés 6 ans,

Madame Edouard Fournier

que mon mari a fait pour Corneille à la halle P. Broch. Compliments et amitiés en hâte   P. D. F.

Monsieur M. Raiot
rue du Pré aux Clercs, 10

Paris 14 9bre Comédie

Cher Monsieur, Je suis
arrivée hélas trop tard
pour demander à M. Vitu
de vouloir bien rappeler
dans son article la Corneille
à la butte S.t Roch de
mon cher mari. J'en
suis tout à fait triste
et j'ai recours à vous si
juste et si bon.

Cette pièce a été jouée
au théâtre français avec
succès en 6h. Elle est
toute à propos dans
un éloge de Corneille depuis

la première ligne jusqu'à la dernière.

Vous me mettriez dans le paradis [illisible] Monsieur en insérant dans votre Paris au jour le jour le portrait de Cormeille si vrai et si joli.

Je me permets de vous l'indiquer en vous offrant la pièce et je compte sur vous.

Soyez sûr ma gratitude par avance

Claude Edouard Fournier

P.S. La première de Cormeille à la butte St Roch que j'aurais voulu

vous offrir est épuisée.
Elle était accompagnée
d'une longue notice sur Sorneille
qui était en quelque sorte
une vie de Sorneille et
vous savez si notre Prud'[hon]
avait su la faire exacte
intéressante et agréable à l[ire]

CORNEILLE

A LA BUTTE SAINT-ROCH

COMÉDIE EN UN ACTE, EN VERS

PARIS. — IMPRIMERIE JOUAUST ET FILS

Rue Saint-Honoré, 338

CORNEILLE

A LA BUTTE SAINT-ROCH

COMÉDIE EN UN ACTE, EN VERS

PAR M. ÉDOUARD FOURNIER

Représentée au Théâtre-Français le vendredi 6 juin 1862

(256e anniversaire de la naissance de Pierre Corneille)

2ᵉ ÉDITION

PARIS

E. DENTU, ÉDITEUR

LIBRAIRE DE LA SOCIÉTÉ DES GENS DE LETTRES

PALAIS-ROYAL, 13 ET 17, GALERIE D'ORLÉANS

1863

PERSONNAGES.	ACTEURS :
PIERRE, fils de Corneille........	MM. Worms.
CAUCHOIS, marchand drapier......	Barré.
MERLIN, meunier à la butte Saint-Roch..	Maubant.
Le Marquis DE L'ESCADRILLE......	Coquelin.
Mme CORNEILLE............	Mmes Nathalie.
MARIE CAUCHOIS...........	Ponsin.
Un Laquais...............	Masquillier.

La scène est à Paris, dans la boutique du drapier Cauchois, à la butte Saint-Roch, près du logis de Corneille, rue d'Argenteuil.

CORNEILLE

A LA BUTTE SAINT-ROCH.

SCÈNE I.

PIERRE, MARIE.

MARIE.

Un, deux, trois...

PIERRE.

Quel calcul faites-vous sur vos doigts, Marie?

MARIE.

Un sérieux...

PIERRE.

Vrai?

MARIE.

Je compte les mois
Qui sont passés depuis qu'au retour de l'armée
Un certain monsieur Pierre...

PIERRE.

Ah!

MARIE.

M'a connue...

PIERRE.

Aimée...

MARIE.

Oui...

PIERRE.

Ravi de vous voir, heureux de vous chercher
Et...

MARIE.

Ce n'est pas cela qu'on veut lui reprocher ;
C'est...

PIERRE.

Quoi donc ?

MARIE.

De n'avoir pas encore su m'instruire
De son nom tout entier...

PIERRE.

J'avais tant à vous dire !
Tant et tant !

MARIE.

Tout est dit...

PIERRE.

Alors, sans se lasser,
On double son bonheur à le recommencer.
Le reste n'étant rien, on fait bien de le taire.
D'ailleurs, ne faut-il pas à l'amour un mystère,
Pour le moins ; un secret, qui craint d'être éclairci ?

Eh bien! faute de mieux, conservons celui-ci.
Notre accord n'est-il pas complet et sympathique ?
Cet humble petit coin, au fond d'une boutique,
N'est-il pas devenu, pour nous, tout l'univers?
Nous nous aimons de cœur et d'esprit. Les beaux vers
Vous charment, comme moi...

MARIE.

C'est vrai; même, il me semble
Que nous les aimons mieux, en les aimant ensemble.

PIERRE.

Cher ange!... Êtes-vous seule, on arrive, sans bruit;
Et quand vient le péril, — votre père! — on s'enfuit...

MARIE.

Mais on a cependant fait sa moisson d'abeille
Dans les actes choisis du vieil ami Corneille...

PIERRE.

Et de Molière aussi, car chacun à son tour.
On s'attarde surtout dans les scènes d'amour,
Et l'on trouve parfois que, chez l'un et chez l'autre,
Ces amours sont bien froids...

MARIE.

Ah!

PIERRE.

Comparés au nôtre.

Voilà notre bonheur ; craignons d'y rien changer.
Qui sait ? un mot, un seul, pourrait tout déranger !

MARIE.

Il faudra cependant vous faire enfin connaître :
Car vous avez un nom, Monsieur ?

PIERRE (à part).

       Trop beau, peut-être !

MARIE.

J'admire fort, sans doute, avec leurs sentiments,
Les héros inconnus : oui, mais dans les romans.
N'avez-vous rien ? Allez, Monsieur Pierre, il n'importe.
L'argent n'a pas besoin de vous servir d'escorte,
Oh non ! que nos deux cœurs soient garants et témoins :
Je sens que je ne puis, pauvre, vous aimer moins,
Ni plus, si vous aviez tous les trésors du monde.

PIERRE.

Vrai ?

MARIE.

  Mais mon père est là, qui veut qu'on lui réponde
Catégoriquement, tout de suite, ou sinon
Rien ! « Quels sont vos parents ? dira-t-il, çà ! leur nom ? »

PIERRE.

Si c'est là mon seul bien ?...

MARIE (jouant l'inquiétude).

    Alors...

À LA BUTTE SAINT-ROCH.

PIERRE (vivement).
     Alors ?...

MARIE (plus gaie).
       J'espère !

L'ami Merlin, d'ailleurs, nous soutiendra. Mon père
Est bon ; deux mots câlins obtiennent tout de lui ;
Quand je veux, ses refus finissent par un : Oui.
Si, par hasard, pourtant, Monseigneur était prince,
Et que, comme Orondate, il vînt de sa province
Pour demander ma main, mystérieusement,
Mon pauvre père alors deviendrait fou, vraiment,
Car il aime la gloire !

PIERRE.
    Oui, la gloire à panache,
En beaux habits... Croit-il à celle qui se cache,
Modeste et pauvre ? Non.

MARIE (vivement).
   C'est lui !

PIERRE.
    Je pars...

MARIE.
      Bientôt.
Revenez en finir avec l'incognito.

      (Il sort.)

SCÈNE II.

MARIE; puis CAUCHOIS, LE MARQUIS.

MARIE.

Mon père m'avait dit qu'il sortait pour affaire ;
Qui l'a retenu ?

LE MARQUIS (du dehors).
Bien !

MARIE (qui a entendu).

Ah! quelqu'un qui diffère
De l'ami qui s'éloigne, hélas ! C'est ce marquis,
Ce fat au faux blason dans les brelans acquis,
Dont l'amour me déplaît si fort, et...

LE MARQUIS (entrant avec Cauchois).

Je veux, dis-je,
Un habit... un habit à donner le vertige !...
Un habit...

CAUCHOIS (avec impatience).

J'entends bien...

LE MARQUIS.

Comme on n'en voit pas un !
Dont puissent enrager Grammont, Guiche et Lauzun.

CAUCHOIS (entre ses dents).

J'en enrage déjà, moi !...

LE MARQUIS (continuant).

Faisant catastrophe

Dans la mode...

CAUCHOIS.

Très-bien! mais où trouver l'étoffe ?

LE MARQUIS.

Chez vous. Je vais chercher ici ce qu'il me faut.
   (A part.)
La petite est là.

CAUCHOIS.

Mais...

LE MARQUIS.

Un habit sans défaut

Doit, sachez-le...

CAUCHOIS.

Quel homme!

LE MARQUIS (continuant).

Être velours et soie,
Avec passements d'or, dentelle, petite oie,
Plus...

CAUCHOIS.

Encor !...

LE MARQUIS.

Le manteau, non pas de bouracan,
Ni de peluche... ah! fi! c'est le fait d'un croquant;
Mais...

MARIE (qui lit une des brochures étalées sur la table).

« *Baron Jodelet, marquis de Mascarille!...* »

LE MARQUIS (qui a entendu).

Hein ? comment ?

CAUCHOIS.

Ce n'est rien, Monseigneur, c'est ma fille
Qui s'amuse en lisant. Les livres sont ses jeux.

LE MARQUIS (prenant la brochure).

Elle relit Molière ?

MARIE.

Oui, l'auteur des Fâcheux.

LE MARQUIS.

Piètre ouvrage !

CAUCHOIS.

Pas tant !... Ah ! grand Dieu ! l'heure sonne,
Merlin m'attend...
(A sa fille.)
Tu sais : avec lui, plus personne
Si l'on est en retard...
(Au Marquis.)
Pardon !

LE MARQUIS.

C'est entendu.

CAUCHOIS.

Ma fille, à ma place...

LE MARQUIS.

Oui !... Sur ce qui vous est dû
J'allais vous dire un mot...

CAUCHOIS (prêt à sortir).

Vraiment ?

LE MARQUIS.

        Je n'ai pas honte
De mes dettes ! J'avais même, pour un à-compte,
Pris cent louis qu'hier je gagnai chez Fredoc.
      (Il met la main à sa poche.)

CAUCHOIS (empressé).

Ah !

LE MARQUIS (tirant sa tabatière).

Mais on vous attend, l'heure sonne à Saint-Roch...
Je ne vous retiens pas...

MARIE (lisant toujours).

  « Don Juan ! Monsieur Dimanche ! »

CAUCHOIS (au Marquis).

Mais...

LE MARQUIS.

 Allez !...

MARIE (à part).

 Pauvre père ! Il aura sa revanche.

CAUCHOIS.

Je pourrais...

LE MARQUIS.

Non, je sais que le temps a son prix ;
Ce serait vous voler...

CAUCHOIS.

 Quoi !

LE MARQUIS.

     Suis-je un mal appris
Qui se cramponne aux gens, comme à l'orme le lierre ?

          1.

Non, non! Je ne suis pas des Fâcheux de Molière,
Si tenaces que rien ne peut délivrer d'eux.
Allez!

CAUCHOIS (à part).

Il raille... mais j'en suis quitte.

(Il sort.)

SCÈNE III.

MARIE, LE MARQUIS.

MARIE (à part).

A nous deux!

(Haut.)
Monseigneur demande?

LE MARQUIS.

Ah! tu le sais bien, chère âme!
Tu sais bien que je brûle...

MARIE.

Oui! « d'une ardente flamme! »
Soupirs, serments, tourments! Nous connaissons cela;
Mais, je vous en préviens, chez nous, ces choses-là
Ne se prennent qu'au choix, et ne sont pas de vente.
Ne pouvant vous servir, je suis votre servante.

LE MARQUIS:

Cruelle ! si du moins tu m'appelais... trompeur !...
Tu fuis !

MARIE.

Non, vous croiriez que vous me faites peur.

LE MARQUIS.

Quand tous mes sens, pour toi, de passion sont ivres,
Tu peux...

MARIE.

Tranquillement je retourne mes livres ;
Des chansons de l'esprit je reprends le couplet :
Là, tout amour est beau, nul amant ne déplaît ;
On est ravi ; le cœur, en s'oubliant, s'élève,
Et quand on a fini, l'on croit sortir d'un rêve.

LE MARQUIS.

Tu trouves cela beau, Molière ?

MARIE.

Il est profond !
Sa gaîté pense et pleure.

LE MARQUIS.

Ah bah ! c'est un bouffon !

MARIE.

Un bouffon ? Très-souvent c'est ce que j'entends dire ;
Pourtant, je suis plus triste après qu'il m'a fait rire.

LE MARQUIS (prenant un livre).

Corneille !
   (Avec dédain.)
   Ah ! — Lis plutôt les pièces de Boyer,
Mon ami. Dès le titre, il sait vous effrayer :
Méduse, Aristodème, Oropaste, Artaxerce !
Je te ferai voir ça... Parthes, Pont, Grèce et Perse,
Cappadoce ! il a tout !
   (Avec mépris.)
   Corneille ! ah !...

MARIE.
     Noble et grand,
Vrai ! rien qu'à l'approcher, le vertige vous prend.

LE MARQUIS.

Préjugé !

MARIE.

 Son génie, à l'aile immense et forte,
Dans les sphères qu'il aime avec lui vous emporte
— A la suite des rois que son bras sait courber —
Si haut, qu'en le suivant on a peur de tomber !

LE MARQUIS.

Sublime, et pas un sou !... Détail invariable :
Le grand homme est toujours doublé d'un pauvre diable !

MARIE.

Qu'importe ! Argent, faveurs, sont de mauvais témoins
Pour la gloire. Plus riche, on l'admirerait moins.

Si, dans cette misère, un faible se consume,
Et de son cœur éteint n'a plus que l'amertume,
Il sait, lui, rester bon comme la vérité ;
Il marche lumineux dans son obscurité ;
L'éclat de ce qu'il fait le guide et le protége,
Il n'a que des héros pour se faire un cortége,
Et je n'en sais pas un qui puisse valoir mieux.
Celui même du roi n'est pas si glorieux.

LE MARQUIS.

Peste ! comme aujourd'hui s'expriment les drapières !
Leur Phœbus, palsembleu ! taillerait des croupières
Aux esprits de ce temps qui sont les plus jolis !
Où te procures-tu ce beau style ?

MARIE (modestement).
Je lis.

LE MARQUIS.

Allons, la draperie a désormais sa muse !
Mais ton Corneille, vrai ! me ravit...
(Riant.)
et m'amuse.
Je l'admire, d'abord, sur tes grands mots planté ;
Puis je le vois, contraste ironique, effronté !
Dans la rue, un matin, ayant pour adversaire,
Dans un débat burlesque...

MARIE.
Eh ! qui ?

LE MARQUIS.

                                          Le commissaire !
Il loge près d'ici, ton grand homme, au détour
De la rue... eh ! comment ?

MARIE.

                 D'Argenteuil.

LE MARQUIS.

                                          Certain jour,
Comme j'allais chez lui...

MARIE.

                       Quoi ! vous, chez le poëte !
Vous !

LE MARQUIS (à part).

   Diable ! cachons-lui que c'est pour une dette !
J'aurais l'air d'un recors.

                             (Haut.)
                      Par curiosité.

MARIE (d'un air incrédule).

Vraiment !

LE MARQUIS.

        Je vois du peuple à la porte arrêté :
Commères, savetiers et gens de la police,
Criant, se démenant, pérorant. Je me glisse,
Et soudain m'apparaît superbe, radieux,
Le commissaire en robe ; auprès, baissant les yeux,
Confus, mais s'insurgeant contre la réprimande,
Ton Corneille, qui craint qu'on le mette à l'amende

Pour cinq ou six fétus qui salissent le seuil.
Le génie a-t-il eu jamais pareil écueil?
J'ai bien ri de le voir livrant ainsi bataille,
Non plus pour des héros, mais pour des brins de paille!
Eh bien, tu ne ris pas? C'est pourtant amusant!

SCÈNE IV.

LES MÊMES; PIERRE (qui est entré à la fin
du récit du Marquis).

PIERRE.

Non, Monsieur!

LE MARQUIS.

Quoi?

PIERRE.

C'est vous que l'on trouve plaisant,
Quoique vous contiez mal...

LE MARQUIS.

Mal?

PIERRE.

Très-mal!

LE MARQUIS.

Je radote...
Par exemple!

PIERRE.

Écoutez le vrai de l'anecdote...

LE MARQUIS (à part).

D'où sort-il, celui-là ?

MARIE (à part).

Quel est donc son projet ?

PIERRE.

C'était l'été dernier, pendant qu'on assiégeait
La ville de Douai. L'un des fils du poëte,
Bon diable, à ce qu'on dit, mais plus mauvaise tête...

LE MARQUIS.

Ah! vous le connaissez !

PIERRE.

Un peu, vous allez voir...
Servait, comme cadet, dans l'armée. Un beau soir,
L'ennemi, s'ennuyant dans la place investie,
Fit, sans nous prévenir, une brusque sortie
Qui valut au cadet une blessure au pied.

MARIE.

Il est mort ?...

PIERRE.

Non... il n'est pas même estropié.
Il boita quelques jours, ce fut tout. Fort en peine,
Sa pauvre mère alors écrit pour qu'il revienne.
Il obtient son congé du maréchal, et part.

Il arrive à Paris, comment? sur un brancard.
Triste équipage! mais pas de riche litière
Pour le fils du poëte : il n'eut que la civière
Que deux hommes portaient, et, sur l'humble grabat,
Cette paille, qui fut la cause du débat,
Du sang de la blessure encor toute tachée,
Sur le seuil de la porte elle était en jonchée.

MARIE.

Et?

PIERRE.

Le reste est connu.
(Au Marquis.)
Pour ceci, maintenant,
Vous n'aurez plus, j'espère, un rire impertinent,
Monsieur...

LE MARQUIS.

Mais...

PIERRE.

Apprenez d'ailleurs que l'on ne nomme
L'auteur du Cid qu'avec respect...

MARIE.

C'est un grand homme!

PIERRE.

Plus encore, un vieillard! Sachez qu'en sa maison,
Où par le seul mérite on s'est fait un blason,
La carrière d'honneur est largement fournie :
Les fils donnent leur sang, le père son génie.

LE MARQUIS.

Soit ! Mais enfin, Monsieur, saurai-je, s'il vous plaît,
De quel droit...

PIERRE.

J'ai refait ce récit incomplet ?

LE MARQUIS.

Oui, Monsieur, justement ; et de quel droit encore...

PIERRE.

Je ne puis tolérer qu'un sot, une pécore,
Un fat...

LE MARQUIS.

Hé !

PIERRE.

Parle mal d'un homme respecté ?
Ma raison est, Monsieur, fort simple, en vérité :
C'est moi qui suis le fils de Corneille.

MARIE.

Ah !

PIERRE.

Moi-même.

MARIE (à demi-voix).

Vous en faisiez mystère à celle qui vous aime...
C'est mal !

LE MARQUIS (qui a entendu).

On s'adorait, c'est bon.

PIERRE.

Vous dites !

LE MARQUIS.
                              Rien !
Je m'en vais, je m'en vais : c'est tout.

PIERRE.
                    J'y compte bien.

LE MARQUIS (à part).

Papa Cauchois, sans doute, ignore ceci. Comme,
Bouffi d'orgueil, gonflé d'argent, il n'est pas homme
A prendre un tel cadet, surtout s'il peut savoir
    (Il tire un papier de sa poche.)
Certain détail, il faut...

PIERRE (lui frappant sur l'épaule).
            Adieu !

LE MARQUIS (s'éloignant. — A part).
            Non... au revoir !
            (Il sort.)

———

SCÈNE V.

PIERRE, MARIE.

MARIE (avec le ton du reproche).

M'avoir laissé songer à je ne sais quel conte ;
M'avoir dissimulé, comme on cache une honte,

Ce bonheur!... tel qu'un rêve à peine le promet :
Ah! qu'on vous haïrait, si l'on ne vous aimait!
N'importe! Indifférent, contre vous je proteste,
Oui...

PIERRE.

J'aurais trop d'orgueil, si je n'étais modeste :
La gloire d'un grand nom est si lourde à porter!
Tenez, rien qu'à le dire, on semble s'en vanter!
Je suis bien fier du mien; pourtant je me résigne
Souvent à le cacher, par peur d'en être indigne.
Et je ne suis pas seul à raisonner ainsi :
Le frère de mon père eut ces craintes aussi,
Il s'est fait appeler partout Monsieur de l'Isle;
Mais a-t-il pu tromper un seul instant la ville,
Et de ce nom nouveau recueille-t-il le fruit?
Celui qu'il voudrait fuir le couvre de son bruit;
Sur ses pas, en tous lieux, un écho se réveille
Qui, lui jetant ces mots : Pierre et Thomas Corneille,
Lui fait trop bien sentir combien est accablant
Le poids dont le génie écrase le talent!
Je n'ai pas, quant à moi, cherché la poésie,
Et n'allez pas penser que c'est apostasie;
Non, j'ai craint d'insulter au culte paternel
En sacrifiant mal sur son illustre autel.
Une fois, cependant, je me suis cru poëte;
La Muse a commencé son refrain dans ma tête,
Et j'ai failli répondre au prélude vainqueur :
C'est que l'amour venait de m'envahir le cœur...

MARIE.

L'amour?...

PIERRE.

Ponr vous, Marie... Ah! le joli poëme!
Incomparable, il tient en trois mots : Je vous aime!
Mais il les dira tant qu'on le croira bavard.
Vous auriez demandé plus d'éloquence et d'art,
Vous aimez tant les vers!

MARIE.

Oui.

PIERRE.

Cette chère étude
De vos loisirs, longtemps fit mon inquiétude...

MARIE.

Comment?

PIERRE.

Et si j'ai craint, tenez, de me nommer,
C'est que je désirais d'abord me voir aimer...

MARIE.

Pour vous seul?

PIERRE.

Oui. « Mon nom l'éblouira, disais-je;
Ce sera pour son cœur comme l'appât d'un piége,
Et vers lui s'en ira son adoration.
Son amour ne sera qu'une admiration. »
Aussi, comme on en voit que leur richesse effraie,
S'ils veulent s'assurer d'une affection vraie,
Moi, cherchant votre amour tout désintéressé,
J'ai caché le seul bien qui me sera laissé.

Marie.

Et maintenant, Monsieur a-t-il encore un doute ?
Ma pensée est à lui ; mais sait-il qu'il l'a toute ?
Croit-il, autant que moi, combien il est aimé ?

Pierre.

Si je ne croyais pas, me serais-je nommé ?

Marie.

Quel bonheur ! Vite, il faut, Monsieur, qu'on me présente.
Mais, d'abord, pensez-vous que chez vous on consente ?...

SCÈNE VI.

Les Mêmes, Mme CORNEILLE.

Mme CORNEILLE (qui a entendu le dernier vers).

Oui, mon enfant...

Pierre (la présentant à Marie).

Ma mère.

Marie.

Ah !

Mme CORNEILLE.

                        Vous me connaissez,
N'est-ce pas ?

MARIE.

    Oui, Madame, oui.

Mme CORNEILLE.

                            L'on m'a vue assez
Sur vos traces partout. Je vous ai tant suivie,
Cherchant si vous sauriez vivre de notre vie,
Pauvre par habitude, heureuse par accès,
Simple toujours...

MARIE.

    Comme est la nôtre.

Mme CORNEILLE.

                                   Je le sais,
Je le sais. Vous devez être de la famille ;
La femme de mon fils, enfant, sera ma fille :
Aussi ne dois-je pas lui farder l'avenir,
Non ; la réalité viendrait trop l'en punir.
Les vers, métier de roi, ne sont pas un royaume ;
Que d'amères douleurs !...

MARIE.

    Dont la gloire est le baume !

Mme CORNEILLE.

La gloire ! Je le vois, vous la connaissez mal.
Souvent ce qu'elle apporte est moins doux que fatal.

J'ai dû, moi, croyez-en des épreuves trop sûres,
Moins chanter ses succès que guérir ses blessures :
Aussi, quand on la voit s'approcher d'un foyer...

MARIE.

Il faut lui faire accueil...

Mme CORNEILLE.

　　　　　Sans doute... et s'effrayer !

MARIE.

Celle des armes, soit... mais celle du théâtre ?...

Mme CORNEILLE.

Enfant ! où je suis mère, elle est souvent marâtre.
Le calme que j'apprête est par elle détruit,
Et si je la connais, ce n'est que par son bruit.
Angoisses et tourments renouvelés sans trêve,
Mille sursauts d'espoir, en plein jour comme en rêve :
La voilà ! Tout meurtri par ce flux et reflux,
Le père de mes fils n'est qu'un enfant de plus ;
Craintif...

PIERRE.

　　　　Oui, ses héros lui prennent sa vaillance.

Mme CORNEILLE.

Il nous faut soutenir ce cœur en défaillance,
Et l'on est tout surpris d'avoir à consoler...
Et de voir si tremblant celui qui fait trembler...
Dès le matin la lutte, et la nuit l'insomnie.

MARIE.

Mais le génie est là qui veille !

Mme CORNEILLE.

Le génie !

PIERRE.

Ce que Molière, un jour, appelait le Lutin.

Mme CORNEILLE.

Il nous fait payer cher son retour incertain !
Vient-il : l'homme s'efface et fuit. Rien ne l'occupe
Dès lors ; il est absent sur terre... et souvent dupe.

MARIE.

Dupe !

Mme CORNEILLE.

Ceux qui sont trop ce qu'il faudrait qu'il fût
Un peu, les gens adroits, se tiennent à l'affût,
Attendant qu'un hasard le livre sans défense...
Hélas ! autant vaudrait se jouer de l'enfance !

MARIE.

Existe-t-il vraiment de tels gens ?

Mme CORNEILLE.

Ecoutez.
Vous verrez quel usage ils font de ses bontés.
Le plus audacieux de la bande hardie,
Fripon qui vit du vol ou de ce qu'il mendie,
Le surprit l'autre jour dans le feu du travail.

Il trouvait, maître loup, sa victime au bercail.
Moi présente, il aurait pu manquer la partie,
Mais le matois avait épié ma sortie.
Il nous connaît un peu. — « *Je suis traqué, dit-il,*
« *J'ai longtemps échappé, mais ils tiennent le fil.*
« *On me prend si je n'ai ce soir trente pistoles!*
« *Donnez-les-moi...* »

PIERRE.

Que dit mon père?

Mme CORNEILLE.

Ces paroles:
« *Je n'ai rien!* » *C'était vrai.*

MARIE.

L'autre fut interdit?...

Mme CORNEILLE.

Non, car il riposta: « *Vous avez du crédit,*
« *Cela peut me suffire. Il n'est pas, par exemple,*
« *Un seul gros financier, dans le Marais du Temple,*
« *Qui ne soit tout à vous, en un besoin urgent;*
« *N'est-ce pas un honneur pour lui? J'aurai l'argent*
« *Chez Montauron, Hervart, Cornuel, ou tout autre,*
« *S'il voit sur ce billet un nom fameux: le vôtre!* »
Et, comme il n'avait rien omis pour son projet,
Il lui tend un écrit tout prêt, qui l'engageait
Comme s'il eût reçu la somme demandée.

PIERRE.

Et mon père?

Mme CORNEILLE.

A signé.

PIERRE.

Quoi !

Mme CORNEILLE.

La tête obsédée,
Las d'avoir tenu bon aussi longtemps qu'il put,
Heureux de ressaisir son vers interrompu,
Sentant bien qu'il n'est pas fait pour pareille escrime,
Il cède... l'autre part... et lui, reprend sa rime.

PIERRE.

Je le retrouverai, morbleu! ce garnement!
Il rendra le billet...

Mme CORNEILLE (se levant).

S'il ne l'a plus ?

MARIE.

Comment ?

Mme CORNEILLE.

A peine est-il dehors, qu'un drôle de sa force,
Marquis du lansquenet, le rencontre et l'amorce
Pour faire une partie au prochain cabaret.
Les enjeux sont jetés près d'un pot de clairet;
On boit, on rit, on perd. Pour dernière ressource,
Mon drôle, qui bientôt vit le fond de sa bourse,
Met le billet sur table...

PIERRE.
>Et l'autre l'a gagné ?

MARIE.
Je vois que nul chagrin ne vous est épargné !...

PIERRE.
Et j'ignorais cela !...

Mme CORNEILLE.
>Je l'ignorais de même,
Quand tout à l'heure un homme...

PIERRE.
>Un recors ?

Mme CORNEILLE.
>>Au teint blême...

PIERRE.
Ah ! si j'eusse été là !...

Mme CORNEILLE.
>Ton père...

PIERRE.
>>Qu'a-t-il dit ?

Mme CORNEILLE.
Il est resté pensif d'abord ; puis a maudit
L'incorrigible tort qu'il a, naïf poëte,
De trouver tout parfait parce qu'il est honnête ;
Ensuite sont venus les fureurs, les mépris
Contre le monde entier, surtout contre Paris,

Où le mérite à jeun va, se tourmente, s'use
A glaner dans le champ que moissonne la ruse ;
Où, lui, venant chercher la gloire de plus près,
Souvent il n'a trouvé qu'une ombre et des regrets ;
Où le besoin, enfin, despote sans relâche,
Qui met depuis dix ans son génie à la tâche,
Le violente, et, quoiqu'il n'ait jamais failli,
Quand il n'est que lassé, fait dire : Il a vieilli !
— Notre vie, à Rouen, mon fils, était plus douce...

PIERRE.

Peu de soirs glorieux !

Mme CORNEILLE.

Mais des jours sans secousse.

PIERRE.

Pas d'éclatants succès !

Mme CORNEILLE.

Mais calme, régulier,
Le bonheur — sans jaloux — de se faire oublier.

PIERRE.

Pas de foule, parfois, sur ses pas accourue !

Mme CORNEILLE.

Mais pas de bruit non plus chez lui, ni dans la rue,
Hors celui des enfants, qui jouaient sur le seuil,
Et qui rendaient au cœur ce que perdait l'orgueil.
Il travaillait dès l'aube, et, chaque matinée,

L'instant des frais pensers aux vers était donnée.
Puis, neuf heures sonnant, comme il savait trop bien
Qu'ailleurs était pour nous le pain quotidien,
Il allait, sans se plaindre, à la maison commune,
Où l'emploi qu'il avait doublait notre fortune.

PIERRE.

L'oncle Thomas, le soir, venait nous visiter.

Mme CORNEILLE.

Ils discutaient entre eux des sujets à traiter,
Et fraternellement ils échangeaient des rimes...

PIERRE.

Ou, pour leurs scélérats, ils se prêtaient des crimes.

MARIE.

Ainsi vous avez vu naître Horace et Cinna ;
Pauline, devant vous, sous la croix s'inclina ;
Vous avez, avant tous, vu l'illustre Romaine
Cornélie, et connu les plaintes de Chimène.
Quelle gloire !

Mme CORNEILLE.

Avec eux ont grandi mes enfants,
Et contre leur succès en vain je me défends,
J'y pleure...

PIERRE.

Bonne mère !

Mme CORNEILLE.

Oui, vois-tu, j'y crois suivre
Tous nos beaux jours passés ; notre âme y semble vivre !

PIERRE.

Il nous lisait la pièce, et n'en disait plus rien.

Mme CORNEILLE.

Sous ce silence encor mon cœur sentait le sien.

PIERRE.

Il l'avait envoyée à la troupe royale
De l'hôtel de Bourgogne...

Mme CORNEILLE.

                   Ah! que sa main loyale
Tremblait en la livrant seule au lointain péril!
Séparé de son œuvre, il semblait en exil.
Que de lettres là-bas, d'inquiète tendresse,
Dont chaque mot encor portait une caresse!
C'étaient les doux conseils, l'infatigable soin,
L'attente sans repos du père, qui de loin
Suit et guide du cœur le destin de sa fille.

PIERRE.

Tout à coup, un beau jour, au dîner de famille,
Se donnant, de son mieux, des airs bien aguerris,
Il nous disait: « Ce soir, on me joue à Paris! »

Mme CORNEILLE.

Au front était l'espoir, au cœur était le doute.
Au moment du triomphe, il voyait la déroute,
Et l'on feignait alors de craindre comme lui,
Pour lui préparer mieux le plaisir, par l'ennui.

PIERRE.

Enfin, cahin-caha, gagnant de proche en proche,
Le succès arrivait, en dix jours, par le coche.

Mme CORNEILLE.

Et quelle ivresse alors ! quel bonheur au logis !

PIERRE.

Quelle fête en nos cœurs par la joie élargis !

Mme CORNEILLE.

Quand l'ouvrage applaudi courait par le royaume,
On le donnait à Rouen, dans quelque jeu de paume,
Molière ainsi, lui-même, y joua le Menteur.

MARIE.

Et vous étiez là, tous...

PIERRE.

On acclamait l'auteur !

Mme CORNEILLE.

Je me carrais auprès, en robe du dimanche ;
Les pecques du quartier me donnaient ma revanche,
Car je remarquai bien, regardant de côté,
Comme elles enrageaient de le voir si fêté.
Dam ! les pièces qu'on fait ne valent pas les nôtres !
Mes pleurs de ces jours-là me payaient bien des autres.

MARIE.

Ah ! si d'un tel succès mon père était témoin !

PIERRE.

Vous croyez ?...

MARIE.

*J'en réponds !... Mais je le vois de loin
Avec l'ami Merlin, le meunier de la butte.*
            (A Mme Corneille, qui se dirige vers la porte.)
Vous partez ?...

PIERRE.

Parlez-lui...

Mme CORNEILLE.

*J'ai peur qu'il ne rebute
Ma demande ; aujourd'hui, je la lui ferais mal,
Et, s'il me répondait par quelque mot brutal,
Je...*

MARIE.

Ne le craignez pas...

SCÈNE VII.

LES MÊMES, CAUCHOIS, MERLIN.

MERLIN.

*Tiens ! Madame Corneille !
Tiens ! Monsieur Pierre aussi ! Ça se trouve à merveille,*
        (A Cauchois.)
N'est-ce pas, compère ?

CAUCHOIS (brusquement).

Oui !

PIERRE.

Peut-on, ami Merlin,
Savoir pourquoi ?

CAUCHOIS (à sa fille, qui n'obéit pas).

Va-t'en.

MERLIN.

Certes ! — « *De mon moulin*
« *J'aperçois, lui disais-je, un jeune homme qui rôde*
« *A l'entour de chez vous, comme une âme en maraude.* »

PIERRE (à part).

Imprudent !

MARIE (à part).

Le bavard !

MERLIN.

« *N'importe par quel temps,*
« *Soir et matin, il est, morgué ! des plus constants.*
« *Même par les grands vents, quand je détends mes toiles,*
« *Il est là qui soupire et qui baye aux étoiles,*
« *Comme si son bonheur devait tomber du ciel :*
« *C'est que quelqu'un toujours sait répondre à l'appel.*
« *Or ce quelqu'un...* »

PIERRE (bas).

Merlin !

MARIE (de même).

Monsieur Merlin!

MERLIN (continuant).

« *Mérite*
« *Tous ces soupirs et plus...* »

MARIE.

Ah!

MERLIN.

« *Donc, de ma guérite,*
« *Ajoutai-je, je vois que le jeune homme plaît.* »

MARIE.

Vraiment?

MERLIN.

J'ai de bons yeux! — « *Qu'il est vif et point laid*
« *Et que son adorée, adorable et décente,*
« *Serait une épousée assez assortissante.*
« *Bref! ajoutai-je encore, on ne vous a laissé*
« *Que la place d'un mot, compère ; on est pressé.*
« *Le meilleur serait donc d'en finir au plus vite :*
« *Puisque le jouvenceau chez vous si bien s'invite,*
« *Dites-lui de rester ; puis, entre deux jurons,*
« *Donnez...* »

Mme CORNEILLE.

Qu'a répondu le père?...

CAUCHOIS (très-brusquement).

Nous verrons!...

MERLIN.

Ma fine ! comme vous, j'attendais la réponse.
La voilà.

Mme CORNEILLE (vivement).

Viens-nous-en... j'entends ce qu'elle annonce.

PIERRE.

Mais...

Mme CORNEILLE.

« *Nous verrons !* » *mon fils, c'est* « *Non !* » *poliment dit,*
C'est un refus qui n'ose et qui nous fait crédit.
(A Cauchois.)
Notre maison, Monsieur, n'est pas si dépourvue !
Quand on dit : « *Nous verrons !* » *la chose est bientôt vue.*
(Elle sort avec Pierre).

SCÈNE VIII.

CAUCHOIS, MERLIN, MARIE.

CAUCHOIS.

C'est vif !

MERLIN.

C'est fier !

MARIE.

C'est bien !
(Pleurant.)
Mais j'en mourrai, pour sûr !

MERLIN.

Vous avez répondu, Cauchois, d'un ton bien dur.
« Secouons bien le sac, mais selon la farine... »,
Dit le proverbe ; or sus, ces gens-là, j'imagine,
Seraient la fine fleur où vous seriez...

CAUCHOIS (l'interrompant).

Le son !
Je sais ce que je suis et je sais ce qu'ils sont.

MERLIN.

J'entends : vous êtes riche et leur fortune est mince.

CAUCHOIS.

C'est cela...

MERLIN.

Mais ils ont ce qu'envîrait un prince,
Ce que tous vos écus ne vous donneraient pas,
Ce qu'on salue enfin partout, et chapeau bas.

CAUCHOIS.

Et quoi donc ?

MERLIN.

Un grand nom.

MARIE.

    Bien acquis...

CAUCHOIS.

        Belle affaire!

MERLIN.

Et que croyez-vous donc qu'il faille qu'on préfère?

CAUCHOIS (dédaigneux).

Voyez-vous ce meunier!...

MERLIN.

      Oui, tant qu'il vous plaira :
Oui, meunier, farinier, même âne, et cætera,
Compère! Il n'est pas moins qu'en mon petit génie,
Moi, j'estime le grand, le vrai! Je me renie,
Je me veux mal de mort quand je manque à le voir,
A l'admirer...

MARIE (avec émotion).

Vraiment?

MERLIN.

     Si l'on ne peut l'avoir
Pour soi, c'est bien le moins qu'on l'aime dans les autres.

MARIE.

Oui!

MERLIN.

  Je lui fais surtout grand' fête chez les nôtres,
Ceux du peuple, morgué!

MARIE.

Très-bien !

MERLIN.

Ceux du métier.

MARIE.

En est-il ?

MERLIN.

Oui, pardi ! Je sais, dans le quartier,
Un fils de boulanger qui fait des comédies,
De fine pâte encore, et qui sont applaudies
Par les mitrons, Dieu sait ! Il s'appelle Quinault,
Et pétrit même aussi l'opéra comme il faut.
Morgué ! toutes les fois qu'on le joue au théâtre,
J'y suis ! Je bats des mains, oh ! comme on bat le plâtre !
Et toujours et quand même : au dedans, au dehors...

CAUCHOIS (ironique).

Il vous faut un succès !...

MERLIN.

Oui, pour l'honneur du corps !
Tout fier, quand un voisin de mon bruit s'exaspère,
Je dis : « C'est moi qui vends la farine à son père ! »

CAUCHOIS.

Vous voilà du métier.

MERLIN.

Ah ! ne plaisantons pas.

MARIE.

Mon père...

MERLIN.

J'en suis plus que vous, dans tous les cas.

CAUCHOIS.

Et comment, s'il vous plaît, cher meunier ?

MERLIN.

Je m'explique :
J'ai toujours entendu dire qu'une boutique
Était.. était....

CAUCHOIS.

Voyons, quoi ? Comment disait-on ?

MERLIN.

Était pour le génie un bonnet de coton,
Et qu'aunant votre drap, marchand, court de visière,
Vous ne voyez jamais plus loin que la lisière.
Que... dans ce trou, toujours par le lucre animé,
Votre esprit y contracte un goût de renfermé,
Maussade, froid, mais sain pour le cœur et la tête,
Surtout contre les maux qui forment un poëte.

CAUCHOIS.

Tandis que vous, meunier ?

MERLIN.

Moi, je vis en plein air !
Triste par un jour sombre, et gai par un jour clair.
Mon esprit, tant qu'il veut, jase avec la nature.

Ma butte, mon moulin, un carré de culture,
Des fleurs : voilà mon bien... sans compter l'horizon.
Je n'ai pas pour limite une absurde cloison :
Mon œil plane aussi loin que plane l'hirondelle.
J'ai ma féerie aussi. Que je tourne mon aile :
J'aurai de mon balcon, tout comme à l'Opéra,
Des changements à vue, et tant qu'on en voudra.
Vite un tour de pivot ! j'ai Paris et sa foule :
Un autre : la campagne à mes pieds se déroule.
A toute heure, l'oiseau me dit mille chansons.
Le dimanche, à la nuit, des bandes de garçons,
La fleurette au chapeau, serrant de près les filles,
Passent par mon sentier, au retour des courtilles ;
On dit bonjour au vin, pour se mieux dire adieu,
Cependant qu'à Saint-Roch grogne le couvre-feu.
J'ai tout, moi qui n'ai rien. Je vis de fantaisie,
Libre ! C'est le bonheur. Est ce la poésie ?
Je le crois ; je le sens au fraternel accueil
Que me fait tout poëte en franchissant mon seuil.

MARIE.

Vous en voyez souvent ?

MERLIN.

    Certes. Monsieur Corneille
S'est assis maintes fois sur mon banc, sous ma treille.

MARIE.

Vraiment !

MERLIN.

  C'était notre hôte, en avril, l'an dernier.

*Il venait ranimer à notre air printanier
Son esprit, que le froid avait mis en volière.
Il travaillait alors avec monsieur Molière.*

MARIE.

Son ami...

MERLIN.

*Mon voisin... Et quel brave homme aussi !
C'est par ordre du roi qu'ils composaient ainsi.*

MARIE.

Quelle œuvre ?

MERLIN.

*La... Psyché, m'a-t-on dit. Il me semble
Que je les vois encor qui cheminent ensemble
Le long de notre enclos, par un matin vermeil,
Les pieds dans la rosée, aspirant le soleil;
S'arrêtant pour écrire au revers de la pente,
Montant, redescendant le sentier qui serpente,
Le pas rapide ou lent, suivant le train du vers ;
L'œil tout distrait, avec des rayons au travers ;
Picorant au buisson la rime et la fleurette,
Et riant en passant à l'enfant qui s'arrête.
Bonnes gens ! Moi, flâneur à rêvasser enclin,
Je fais taire un instant le babil du moulin,
J'écoute au vol, je prends quelques vers, et leur geste,
Suivi dans le feuillage, au loin me dit le reste.
Ah ! parmi les messieurs du beau monde, combien
Auraient payé très-cher ce que j'avais pour rien !
J'ignorais quelles gens d'abord ce pouvait être ;*

C'est en les écoutant que je sus les connaître,
Et je fus tout surpris d'apprendre que, des deux,
Le plus pensif était le plus farceur. Moins vieux,
Il se lassait plus tôt...

MARIE.

Tiens...

MERLIN.

Une toux légère
Le forçait d'arrêter. Alors la ménagère,
Qui savait son désir, sitôt qu'il appelait,
Apportait, tout courant, une tasse de lait.
C'est le triste julep qu'il s'est laissé prescrire.
Moi, j'en mourrais, morgué! Lui, ne fait pas moins rire.
Brave esprit! brave cœur! Le rire est sa raison.
Tous nous les aimions bien! Oui, tous, jusqu'au grison,
Qui fraternellement frétillait de l'oreille
Quand il voyait passer Molière avec Corneille.
— C'est fini! Des fâcheux, qui s'étaient approchés
Un peu trop certain jour, les ont effarouchés!
Et comme ces gens-là, dans le fond, sont timides,
On ne les a plus vus. J'ai les yeux tout humides
Quand j'y pense. Morguienne! on les a tant aimés!
Nous étions à les voir si bien accoutumés!
Si, par bonheur, j'avais comme vous une fille,
C'est moi qui serais fier d'entrer dans leur famille.

CAUCHOIS.

Vous, je comprends.

MERLIN.

Je n'ai qu'un neveu, sacripant
Bon tout au plus à pendre...

MARIE.

Ah!

MERLIN.

Qui s'en va dupant,
Volant... Si mon gourdin, d'humeur fort peu civile,
Eût jamais rencontré le drôle par la ville,
Quel que fût le beau nom dont il se déguisât,
Il eût épousseté marquis et marquisat.
Suffit! Laissons cela. Voyons, drapier barbare,
Terminez...

CAUCHOIS.

Moi!

MARIE.

Mon père...

CAUCHOIS.

Ah!

MERLIN.

C'est de l'or en barre
Que ces gens-là...

CAUCHOIS.

Pourtant, vous devez convenir...

MERLIN.

De rien.
(Bas à Marie.)
Si Pierre guette, allez le prévenir.
(Marie va faire le guet à la porte.)

CAUCHOIS.

Avec le mariage, il faut...

MERLIN (très-vif).

Agir d'urgence,
Quand les cœurs vont devant et sont d'intelligence.

CAUCHOIS.

C'est une chaîne...

MERLIN.

Soit! Mais, quand l'amour est chaud,
On la forge, mordieu! si l'on n'est pas manchot!

MARIE (revenant inquiète).

(Bas à Merlin.)
C'est drôle! il n'est plus là...

MERLIN (bas à Marie).

Courez donc chez le père.

MARIE (de même).

Et que dire?

MERLIN.

Un seul mot, qui dira tout : J'espère.

(Marie sort.)

SCÈNE IX.

CAUCHOIS, MERLIN.

CAUCHOIS.

Je voudrais cependant m'informer...

MERLIN.

*Et de quoi ?
De qui ?*

CAUCHOIS.

Touchant...

MERLIN.

*Corneille ? Ah ! c'est aisé, ma foi !
Là, pour se renseigner, il n'est pas deux systèmes.
Demandez, les échos vous répondront d'eux-mêmes.
Jetez aux quatre vents son noble nom, je sais*

Que partout une voix répétera : Succès!
Gloire, génie, honneur!

CAUCHOIS.

Mais sa fortune?

MERLIN.
Encore!

CAUCHOIS.

Sa personne?

MERLIN.

Elle est simple, et ce qui la décore,
C'est, sous un air riant mêlé de gravité,
Je ne sais quel dédain du vêtement porté.
De la mode du jour croyez-vous qu'il s'informe?
Eh non! de sa misère il garde l'uniforme,
Et mieux qu'en du velours il y marche drapé..
Tu trouveras, marchand, l'habit un peu râpé;
Bourgeois chez qui l'usage en despote commande,
Tu riras de son feutre à la forme normande;
Tu demanderas, toi qui ne fais pas de vers,
D'où vient que sa perruque est un peu de travers,
Son rabat déplissé, ses bas à la dérive,
Et pourquoi même encor, lorsque la pluie arrive,
Si son soulier fait eau, craignant d'aller plus loin,
Il va livrer son pied au savetier du coin?
Ce sont détails trop niais pour qu'il en tienne compte,
Et de ton rire, ainsi, bourgeois, il te fait honte.
Il est libre, et toi non! Sa fière pauvreté
Pour ses autres vertus est une majesté!

CAUCHOIS.

Bourgeois, marchand ! Ces mots, avec vos épithètes...

MERLIN.

Les prenez-vous pour vous ?

CAUCHOIS.

Non.

MERLIN.

Sont-ils malhonnêtes ?

CAUCHOIS.

Je ne dis pas cela, mais...

MERLIN.

Enfin ?...

CAUCHOIS.

*J'ai du flair,
Du tact ; je suis marchand moins que je n'en ai l'air.*

MERLIN.

La preuve ?

CAUCHOIS.

Demandez !

MERLIN.

*Eh bien ! je vous en prie,
Ne faites pas argent du bonheur de Marie ;
Ne négociez pas, au profit d'un brutal,*

L'addition des dots, avec pleurs au total;
Acceptez cette fois une mauvaise affaire,
En lui donnant pour rien celui qu'elle préfère.

CAUCHOIS (qui a réfléchi).

Le père est un grand homme, et grand! ça m'est égal;
Mais est-il, comme moi, considéré, moral?

MERLIN.

Plus!

CAUCHOIS.

Dans sa pauvreté, qu'après tout je tolère,
N'a-t-il pas d'embarras? Est-elle pure, claire?...

MERLIN.

Certe...

CAUCHOIS.

Alors...

MERLIN (vivement).

C'est dit?

CAUCHOIS (hésitant.)

Non, mais...

MERLIN (joyeux).

C'est fait!
(A part.)
Qu'il est dur!
Quand il aura signé, je n'en serai pas sûr.

SCÈNE X.

Les Mêmes, un Laquais.

LE LAQUAIS.

Monsieur Cauchois ?

CAUCHOIS.

C'est moi. Que veut-on ?

LE LAQUAIS.

*Une lettre
Qui presse, et...*

CAUCHOIS.

Donnez donc ! De qui ça peut-il être ?

MERLIN (examinant le laquais).

*Habit fripé, livrée idem, galon fané :
Ce drôle sert un drôle...*

CAUCHOIS.

*Ah ! j'avais deviné !
C'est du marquis...*

MERLIN.

De quoi marquis ?

LE LAQUAIS.

De l'Escadrille,
Baron d'Orjac, Grujac, vicomte de Sourille.

MERLIN (à part).

Noble d'emprunt, j'entends : dix noms et pas un bon.
Allons, décidément, c'est quelque vagabond.

CAUCHOIS.

Voici bien autre chose !

MERLIN.

Eh quoi ?

CAUCHOIS.

Ce qu'il m'annonce
Pourra pour vos amis déranger ma réponse.

MERLIN.

Hein ?

CAUCHOIS (avec suffisance).

Il est mon client, ce marquis...

MERLIN.

Ah !

CAUCHOIS.

Charmant !

De plus mon débiteur...

MERLIN.

Tout naturellement.

CAUCHOIS.

Il m'a dit ce matin : « Il faut que je m'acquitte... »

MERLIN.

Vrai !

CAUCHOIS.

J'ai refusé...

MERLIN.

Vous !

CAUCHOIS.

     Il tient bon : « Je vous quitte »,
M'écrit-il tout fâché.

MERLIN (à part).

Vraiment, je n'y suis plus.

CAUCHOIS (continuant).

« Si vous n'acceptez pas, pour le moins, cent écus. »
Seulement, comme il n'a pas grand argent en coffre...

MERLIN à part).

Voici qui redevient plus vraisemblable.

CAUCHOIS.

     Il m'offre
Une créance...

MERLIN.

Bonne ?

CAUCHOIS.

On fera ce qu'il faut.
Raffle, un recors de race et jamais en défaut,
S'est mis vite en campagne, et déjà tient la piste.

MERLIN.

Quel est le débiteur?

CAUCHOIS.

Ah! voilà le plus triste :
C'est votre ami...

MERLIN.

Corneille!

Oui...

MERLIN (à part).

Je sens là-dessous
Quelque tour de fripon...

(Haut.)

Et que décidez-vous?

CAUCHOIS.

Je ne sais trop...

MERLIN.

Comment! vous hésitez?

CAUCHOIS.

Je tâche
De tout concilier... Si le marquis se fâche,
Si...

MERLIN.

Voyez-le...

CAUCHOIS.

C'est juste.

(Au laquais.)

Où pourrai-je le voir ?

LE LAQUAIS.

Chez Fredoc..., **au théâtre.**

MERLIN (à part).

Ah ! — j'y serai ce soir.
J'ai mon plan...

CAUCHOIS (au laquais, en le congédiant d'un geste).

Bien, allez...

LE LAQUAIS (à part, en riant).

Tout marche !

MERLIN (qui l'observe).

Il rit sous cape,
Le faquin ! nous prend-il pour des gens qu'on attrape ?

(Le laquais sort.)

SCÈNE XI.

CAUCHOIS, MERLIN.

CAUCHOIS (relisant la lettre du marquis).
Au théâtre ! Il m'adresse en effet sous ce pli
Deux cartes que Boyer, son ami...

MERLIN.
C'est poli !
(A part.)
Voilà ce qu'il me faut.
(Vivement, prenant une des cartes.)
Part à deux ! Je m'invite,
Hein ! je vous accompagne ?...

CAUCHOIS.
Accepté !

MERLIN (à part).
J'irai vite
Droit à mon drôle ainsi lui serrer le bouton.

CAUCHOIS.
Ce marquis est charmant !

MERLIN (avec ironie).

  Charmant!... Que jouera-t-on?

CAUCHOIS (lisant dans la lettre).

Attendez : Oropaste, ou le Faux Tonaxare.

MERLIN.

Dieu! si ce n'est pas beau, ce doit être bizarre.
Du Boyer!... Ce n'est pas mon Corneille!

CAUCHOIS (vivement).

        Ah! sur lui
Et les siens plus un mot...

MERLIN.

    Pourquoi donc?

CAUCHOIS (avec chaleur).

         Aujourd'hui,
Si je vous avais cru, le fils était mon gendre;
Et demain quelque ami serait venu m'apprendre
Que le père est cité chez le juge-consul
Pour dettes... Quel affront! Si j'ai promis, c'est nul.

MERLIN.

Mais...

CAUCHOIS (s'animant).

  Tailleur, pourpointier, mercier, fripier, fripière,
Drapier : tout le métier m'aurait jeté la pierre!
 (Avec emphase.)
Qui me touche, Merlin, se doit pur au public,

Car je suis de six corps, et je serai syndic,
Syndic !... C'est donc fini.

MERLIN (à part).

Nous verrons, on replâtre
Des affaires qui vont plus mal...

CAUCHOIS.

Vite au théâtre !

SCÈNE XII.

LES MÊMES, MARIE.

MARIE.

Au théâtre ?

CAUCHOIS.

Et gratis ! Tu m'attendras.

MARIE (bas à Merlin).

Eh bien !

Quoi ?

MERLIN (bas à Marie).

Tout n'est pas perdu.

(Il sort avec Cauchois.)

SCÈNE XIII.

MARIE, puis PIERRE.

MARIE.

Je n'espère plus rien !
Et Pierre ne vient pas... et sa mère inquiète
Ignore ce qu'il fait !

(Elle va à la porte.)

Vainement je le guette.

(Pierre paraît.)

Vous voilà donc enfin !

PIERRE.

Oui, pour vous dire adieu.

MARIE.

Me dire adieu?

PIERRE.

Soldat, je m'en retourne au feu.

MARIE.

Vous ne m'aimez donc plus?

PIERRE.

Le pensez-vous, Marie?
Si de l'espoir, pour nous, la source s'est tarie,
Celle de mon amour, qui pleure en s'exilant,
Coule plus que jamais d'un flot pur et brûlant...

MARIE.

Demeurez...

PIERRE.

Je ne puis; pourquoi lasser ma vie
Trop près de ce bonheur, dont l'ombre poursuivie
Ne peut plus me donner ce que je crus gagner?
Désespérant d'un bien, il s'en faut éloigner.

MARIE.

L'oubli viendra...

PIERRE.

Jamais! J'emporte ineffacée
Cette image qu'en moi votre vue a laissée;
Mon âme s'agrandit pour la mieux contenir.
Ranimant les débris de ce cher souvenir,
Je veux être toujours en votre obéissance :
Ils peupleront mon cœur au désert de l'absence;

Et, d'un dernier rayon si je reste embrasé,
Ce sera le reflet de mon rêve brisé.

MARIE.

Quelque chose me dit qu'il faut espérer; Pierre,
Ne vous éloignez pas.

PIERRE.

Pourquoi cette prière?
D'un mot de vous, d'un seul, vous savez le pouvoir;
N'insistez pas... Pour moi, partir est le devoir...

MARIE.

Le devoir?

PIERRE.

Écoutez : il n'est rien que je cache
A mon amie. Un homme était resté sans tache,
C'est mon père! Un service imprudemment rendu
Fait qu'il est menacé. Son honneur est perdu,
Sa liberté même...

MARIE.

Ah!

PIERRE.

Pour nous, quelle ressource,
Dites? Le vieux lion tombe, au bout de sa course,
Dans les piéges d'un lâche! Il devra tout souffrir.
Nul ne vient le sauver : c'est à moi de m'offrir.
Mon sang est le seul bien dont je sois le vrai maître.
Hier j'étais soldat, et demain je puis l'être :
Je le serai...

MARIE.

Comment ?

PIERRE.

Oui, trouvons à ce prix
Ce que Corneille en vain cherche par tout Paris.

MARIE.

Pierre !

PIERRE.

Il est au Pont-Neuf, au quai, dans quelques rues
Aux alentours, des gens qui cherchent des recrues.
J'y suis allé. La foule avait tout inondé
Pour voir passer tantôt le prince de Condé,
Qui se rend au théâtre ; et j'ai remis l'affaire,
Bien qu'elle ne soit pas de celles qu'on diffère.
Demain...

MARIE.

Vous n'irez plus !

PIERRE.

Mais...

MARIE.

Je vendrai plutôt
Mes hardes, mes bijoux...

SCÈNE XIV.

Les Mêmes, Mme CORNEILLE.

PIERRE (à Marie).

                    Ma mère... plus un mot!

Mme CORNEILLE.

Ah! te voilà, mon fils! mais as-tu vu e père?

PIERRE.

Il n'est pas rentré?

Mme CORNEILLE.

            Non! et je m'en désespère.

PIERRE.

A cette heure il allait au théâtre autrefois;
Peut-être...

Mme CORNEILLE.

           Non, tu sais que depuis bien des mois
Il n'y va plus. C'était le chemin de la gloire,
C'est celui du malheur à présent... Ah!

PIERRE.

                      Que croire?

MARIE.

Que craindre ?

Mme CORNEILLE.

Tout... Faut-il, mon Dieu, qu'un tel ennui
Trouble, en ses derniers jours, un homme comme lui !
N'est-ce donc pas assez que la lutte dévore
Ce vieillard, obligé de travailler encore ;
Et que pour ce labeur, conquis sur son repos,
Il n'ait qu'un prix amer : de dédaigneux propos,
Avec ces mots ingrats : Faiblesse et décadence ?
Son noble cœur n'a pu s'ouvrir sans imprudence ;
Il n'a pu sans péril être un jour généreux,
Quand pour lui-même on l'est si peu chez les heureux ;
Quand les bienfaits du roi, moins dons que redevance,
Se retirent de lui plus sa vieillesse avance !
Ah ! que deviendrons-nous ?

SCÈNE XV.

Les Mêmes, MERLIN.

MERLIN (accourant).

Enfin plus d'embarras !

Mme CORNEILLE.

Que dit-il ?

MERLIN.

Non... Pour lui, pour vous, ne craignez pas
Désormais...

Mme CORNEILLE.

On a mis tout à l'heure à la porte
Des placards de saisie et de vente...

MERLIN.

Qu'importe ?
On les déchirera... Tout, dis-je, marche au mieux.
Jamais il n'a paru plus grand à tous les yeux.

PIERRE.

Mon père ?

MERLIN.

Oui.

MARIE.

Mais le mien ?

MERLIN.

Il consent !... il vous dote !
C'est incroyable ! Bref, écoutez l'anecdote ;
Elle en vaut bien la peine. Or, sus donc, nous étions
Partis pour le théâtre, et nos attentions
Se préparaient, Dieu sait ! Nous voilà dans la salle,
Déjà pleine : on se glisse, on bouscule, on s'installe ;
On est mal, mais on croit qu'on est bien : ça suffit !
On murmurait pourtant, quand le calme se fit.
Un beau monsieur paraît, qui par trois fois salue.
C'est Molière ! Il nous fait, comme s'il l'avait lue,

Sa harangue. Ah! quel homme, et comme il a le fil!
Ah! quel esprit : « Monsieur le Prince, nous dit-il,
« Doit venir tout à l'heure. Il nous demande en grâce
« Une œuvre de Corneille. On jouera donc Horace
« Au lieu de Tonaxare. » Ah! tant mieux! très-bon choix!
Bien! crie à l'unisson tout le monde. Une voix
Domine : c'est la mienne! On est sur le qui-vive,
Le cou tendu, pour voir Son Altesse. Elle arrive,
Salue; on lui répond, et l'on croit que c'est tout.
Ah bien oui, palsangué! nous n'étions pas au bout.
Le public tout à coup se lève, se découvre;
Condé même est debout, chapeau bas, comme au Louvre
Devant Sa Majesté. C'était beau! noble! oh! oui,
Royal! Aussi Cauchois me dit, tout ébloui :
« Le Roi vient donc? — Eh non! non! prêtez mieux l'oreille,
« Compère, et, comme nous, criez : Vive Corneille! »
« — Corneille! » Là-dessus, je braque son regard,
Où l'admiration brillait, vers un vieillard
Qui s'assied dans son coin, l'air confus, l'œil humide.
Brave homme! noble esprit! sa gloire l'intimide.
Cauchois aussi pleurait, et moi donc!... tout de bon!
Il trépignait, hurlait. Je le saisis au bond
Et je lui dis : « Eh bien! vous voyez qu'un poëte
« C'est quelqu'un? — Oui, morbleu! je vois qu'on lui fait fête
« Mieux qu'au grand Condé même. » Et trépignant plus fort,
Il menace, il maudit quiconque ferait tort
A son ami Corneille! Alors, moi, je lui crie :
« Et Pierre cependant n'épouse pas Marie! »
« — Il l'aura! » répond-il; puis il part comme un fou.
Je veux le suivre... en vain... Il est je ne sais où.

SCÈNE XVI.

Les Mêmes, CAUCHOIS.

CAUCHOIS.

Me voilà ! me voilà ! Ma fille ! Ah ! monsieur Pierre !
Ah ! Madame ! combien vous devez être fière !
Moi ! je suis bien heureux ! vrai ! mais bien désolé !

Mme CORNEILLE.

Pourquoi ?

CAUCHOIS.

Figurez-vous que je m'en suis allé
Chercher ce beau marquis, gardien de la créance.
Je voulais qu'il cessât de presser l'échéance ;
Quoi qu'il m'en pût coûter, je l'aurais défrayé.

Mme CORNEILLE.

Vraiment !

CAUCHOIS.

Au double même. Ah ! J'aurais tout payé,
Car c'est pitié, morbleu ! que, pour si maigre somme,
On jette du tourment au cœur d'un si grand homme...
Personne !

Mme CORNEILLE.

Le billet ?

CAUCHOIS.

Il court...

MERLIN.

> C'est moi qui l'ai.
> (Il le montre.)

Mme CORNEILLE.

Est-ce vrai?...

MERLIN.

Pour l'avoir, je l'ai presque étranglé!

CAUCHOIS.

Le marquis?

MERLIN.

Mon neveu.

CAUCHOIS.

> Comment! c'était?...

MERLIN.

> Ce drôle!

Ah! je l'ai quelque peu dérangé dans son rôle.
Après deux ou trois mots d'une explication
Que je saurai reprendre avec affection,
Cette poigne, qui vaut des tenailles de forge,
Vous le serra si bien, si dru, qu'il rendit gorge!
Voilà...
(Il donne le billet à Mme Corneille.)

Mme CORNEILLE.

Merci cent fois!

MERLIN.

> Bah! ça ne vaut pas tant.

CAUCHOIS.

Si fait, Merlin... si fait !

MERLIN.

Vous êtes donc content ?

CAUCHOIS.

Certes ! De vous d'abord, et de moi-même ensuite,
En demandant pourtant pardon de ma conduite ;
Et de mon repentir, ma foi, je me sens fier :
Il prouve qu'aujourd'hui je suis moins sot qu'hier.
Ah ! dam, je savais mal ce que c'est que la gloire.
Hors du luxe et du bruit, je n'y voulais pas croire ;
Mais ce qui brille enfin perd pour moi de son prix ;
Je vois que sans l'argent on est grand. Je suis pris,
Convaincu, cette fois, et tout de bon ; en somme,
Bien heureux. Je comprends ce que c'est qu'un grand homme.
Oui !... Je bénis les pleurs qu'il a su me tirer,
Et je sens qu'on vaut mieux quand on sait admirer.

FIN.

Paris, impr. JOUAUST et fils, rue Saint-Honoré, 338.

BIBLIOTHÈQUE DU THÉATRE MODERNE

EN VENTE CHEZ E. DENTU, ÉDITEUR :

L'Alphabet de l'Amour, comédie-vaudeville en un acte, de M. Eug. Moniot. 1 »

L'Auteur de la Pièce, comédie-vaudeville en un acte, de MM. Varin et Michel Delaporte. 1 »

Un Avocat du beau sexe, comédie-vaudeville en un acte, par MM. Siraudin et Choler. 1 »

Les Bienfaits de Champavert, comédie-vaudeville en un acte, par M. Henri Rochefort. 1 »

Le Bouchon de Carafe, vaudeville en un acte, de MM. Dupuis et Eug. Grangé. 1 »

La Comtesse Mimi, comédie en 3 actes, par MM. Varin et Michel Delaporte. 2 »

Le Dernier Couplet, comédie en un acte, de M. Albert Wolff. 1 »

Le Doyen de Saint-Patrick, drame en 5 actes, de MM. de Wailly et Joseph Ulbach. 2 »

La Fanfare de Saint-Cloud, opérette en un acte, de M. Siraudin, musique de M. Hervé. 1 »

La Femme Coupable, drame en 5 actes, de M. Eugène Nus. 2 »

La Fille de Molière, comédie en un acte, en vers, par M. Édouard Fournier. 1 »

Les Finesses de Bouchavanes, comédie en un acte, mêlée de chant, par MM. Marc-Michel et Ad. Choler. 1 »

La Fleur du Val-Suzon, opéra-comique en un acte, paroles de M. Turpin de Sansay, musique de M. Georges Douay. 1 »

L'Homme du Sud, à-propos burlesque, mêlé de couplets, par MM. Rochefort et Albert Wolff. 1 »

L'Homme entre deux âges, opérette en un acte, par M. Emile Abraham, musique de M. Henri Cartier. 1 »

L'Hôtesse de Virgile, comédie en un acte, en vers, par M. Édouard Fournier, jolie impression de Perrin de Lyon. 2 »

Les Illusions de l'Amour, comédie en un acte et en vers, par M. Ernest Serret. 1 »

La Malle de Lise, scènes de la vie de garçon, par M. Édouard Brisebarre. 1 »

Le Mariage de Vadé, comédie en vers en 3 actes et un prologue, par MM. Amédée Rolland et Jean du Boys. 2 »

Le Minotaure, vaudeville en un acte, de MM. Clairville et A. de Jallais. 1 »

Nos Petites Faiblesses, vaudeville en 2 actes, de MM. Clairville, Henri Rochefort et Octave Gastineau. 1 »

Le Paradis trouvé, comédie en un acte, en vers, par MM. Édouard Fournier et Pol Mercier. 1 »

Les Perruques, parodie-revue en 2 actes et 5 tableaux, par MM. Siraudin, Delacour et Blum.

Les Petits Oiseaux, comédie en 3 actes, par MM. Eugène Labiche et Delacour. 2 »

Les Plantes parasites, ou la Vie en Famille, comédie en 4 actes, par M. Arthur de Beauplan. 1 »

Le Premier Pas, comédie en un acte, par MM. Labiche et Delacour. 1 »

Les Projets de ma Tante, comédie en un acte, en prose, par M. Henri Nicolle. 1 »

Prudence est Sureté, proverbe en un acte, de M. Eugène Moniot. 1 »

Monsieur de la Raclée, scènes de la vie bourgeoise, par MM. Édouard Brisebarre et Eugène Nus. 1 »

Les Scrupules de Jolivet, vaudeville en un acte, par Raymond Deslandes. 1 »

Une Semaine a Londres, voyage d'agrément et de luxe, folie-vaudeville en 3 actes et 11 tableaux, par MM. Clairville et Jules Cordier. 1 50

La Servante Maitresse, opéra-comique en 2 actes, paroles de Baurans, musique de Pergolèse. 1 »

Les Voisins Vacossard, comédie-vaudeville en un acte, par M. Marc Michel. 1 »

Le Vrai Courage, comédie en 2 actes, par MM. Belot et Raoul Bravard. 1 »

Zémire et Azor, opéra-comique en 4 actes, par Marmontel, musique de Grétry. 1 »

5876 — Paris, imprimerie de Jouaust et fils, rue Saint-Honoré, 338.

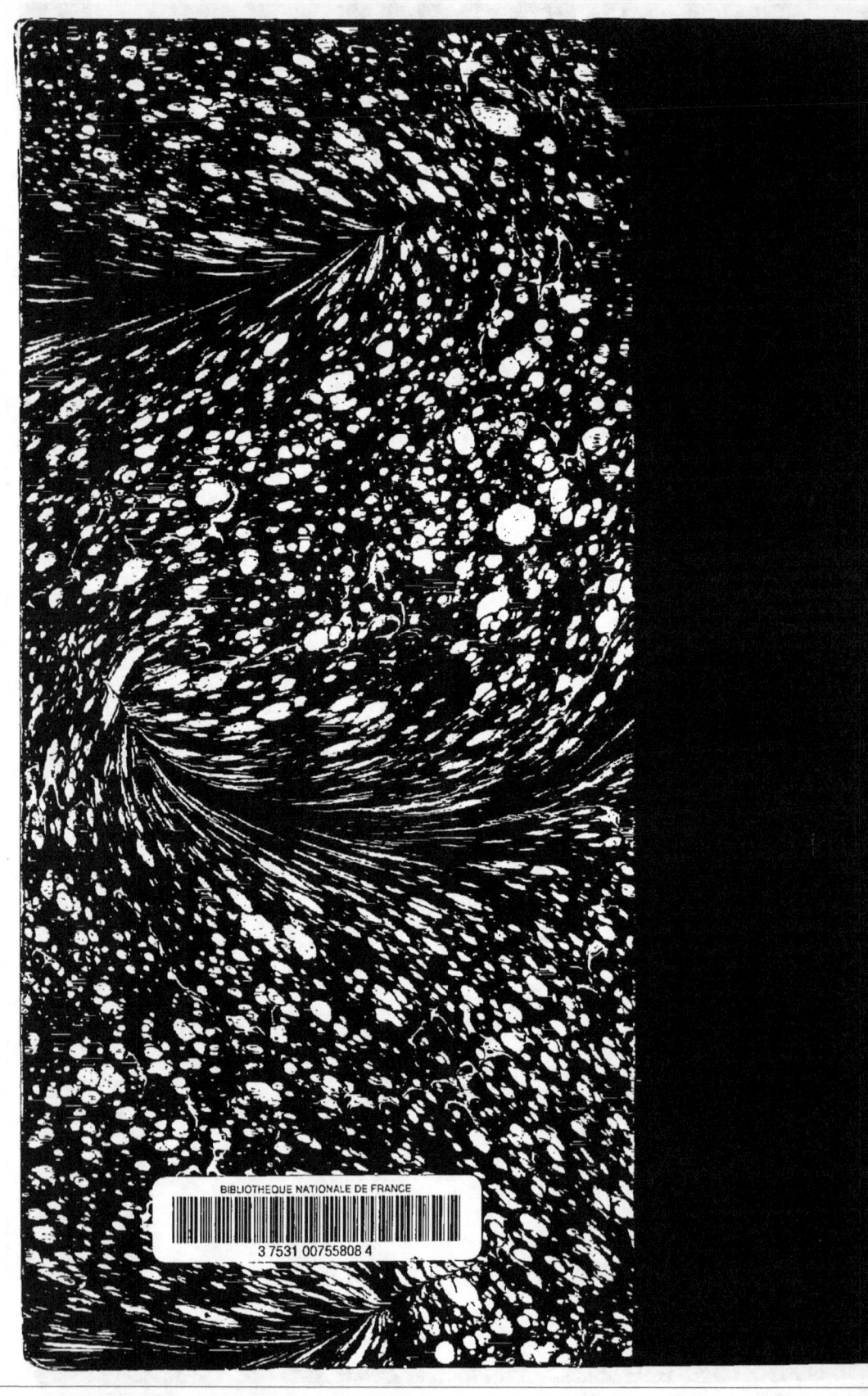

www.ingramcontent.com/pod-product-compliance
Lightning Source LLC
LaVergne TN
LVHW050633090426
835512LV00007B/826